Südtiroler
Küche

W0195226

AUTOR: REINHARDT HESS | FOTOGRAF: WOLFGANG SCHARDT

Praxistipps

Extra

Rezepte

Die Südtiroler Küche – dem Himmel nah

Blühende Täler und schneebedeckte Gebirge machen den Reiz dieser nördlichsten Provinz Italiens aus. Ein offenes Land, das alpine und mediterrane Lebensart vereint.

Majestätische Alpengipfel mit ewigem Schnee im Norden und Westen, die hellen Felsspitzen der Dolomiten im Osten, dazwischen Mittelgebirgslandschaften mit Wäldern und Seen, weite Täler mit grünen Hängen, an denen Apfelbäume und Weinreben wachsen. Südtirol oder italienisch »Alto Adige« (Oberetsch) ist ein Paradies für Bergwanderer und Skiläufer, aber auch für alle, denen gutes Essen und Trinken wichtig sind.

Wechselvoll wie das Land ist auch seine Geschichte. Einst gehörte es zu Österreich, es war das Tirol südlich des Brennerpasses, wurde von Italien vereinnahmt und ist heute autonome Provinz. Die Gebirgszüge der Alpen bildeten schon immer nicht nur eine Grenze, sondern boten mit ihren Tälern auch Durchgänge wie den Brennerpass, auf dem schon früh ein reger Austausch zwischen Nord und Süd stattfand. So kamen Knödel, Krapfen und Maultaschen von Süddeutschland nach Norditalien, Getreide, Obst, Wein und später auch Polenta wanderten gen Norden. Andererseits führte die abgeschiedene Lage der Gebirgstäler mit ihren strengen Wintern zur Erfindung von lange haltbaren Spezialitäten wie dem kräftig gewürzten, leicht geräucherten Schinken, der hier »Speck« heißt, luftgetrockneten Würsten, dem harten Schüttelbrot und den würzigen, festen Bergkäsesorten, die alle heute noch eine wichtige Rolle spielen.

Unter den Getreidesorten gedeihen in kühleren Höhenlagen vor allem Roggen, Gerste und der anspruchslose Buchweizen. Eine Zeitlang geriet das dunkle Korn fast in Vergessenheit, doch heute wird es wieder für »Schwarzplenten« (Buchweizen-Polenta) und Nudelteige benutzt.

So wie das Land den kühlen Norden mit dem heiteren Süden verknüpft, unterscheiden sich die Küchen der weiten, fruchtbaren Täler von denen der kargen und rauen Bergwelt: Wird in Meran oder Eppan fein gekocht mit überwiegend italienischem, aber auch österreichischem und bayerischem Einfluss, so haben sich in den Bergen, wo der Winter früh kommt und lange bleibt, die alten Sattmacher erhalten. Werden im Tal Seezungen und Kalbsmedaillons serviert, so brutzelt auf der Almhütte ein »Riebl«, ein schmarrenähnlicher Pfannkuchen aus Buchweizenmehl. Natürlich schmeckt ein Carpaccio von geröstetem Kalbfleisch in Eppan hervorragend, aber wie freut sich der Bergwanderer über ein deftiges Bauerngeröstl aus gekochtem Rindfleisch und Kartoffeln! Das ist gerade das Schöne an Südtirol, dass jeder das Passende findet. Und spätestens im Oktober beim Törggelen sind sich alle wieder einig: Es gibt nichts Besseres als eine »Brettlmarend« mit Speck, Kaminwurzen und Käse zum neuen Wein.

Eine Reise durch das Jahr

Die Südtiroler feiern gerne. Vor allem, wenn sich das Fest um die saisonalen Produkte der Region dreht. Schon im April werden in Lana die Blütenfesttage mit Wildkräutermenüs und Apfelführungen gefeiert. Im Weinort Terlan im Etschtal bei Bozen

steht der Monat im Zeichen des Spargels, zu dem ein Terlaner Sauvignon besonders gut schmeckt. Die ersten Kräuter auf den Almwiesen, vor allem der Löwenzahn, der in Deutschnonsberg und seinen umliegenden Gemeinden in vielen Gerichten verwendet wird, sind gut für eine entschlackende Kur im Frühjahr.

Im Juni ist Erdbeerzeit, die im Eisacktal und besonders im Martelltal im Vinschgau gebührend gefeiert wird – mit Erdbeerkönigin und riesiger Erdbeertorte. Es folgen die Marillen – wie Aprikosen hier heißen – und die gedeihen nirgends besser als im Vinschgau, weil sie dort von viel Wärme und Sonne verwöhnt werden.

Ab Mitte August beginnt die Apfelernte im südlichen Teil des Landes, in Überetsch, Unterland und bei Bozen. Im Eisacktal findet dann im Oktober in Natz-Schabs das traditionelle Apfelfest mit der Wahl der Apfelkönigin statt.

September ist die Zeit der Lammgerichte, zum Beispiel im Ultental beim traditionellen Schafabtrieb und den anschließenden Lammwochen. Von September bis Oktober ist Weinlese, doch diese Zeit, »Wimmen« genannt, ist für die Weinbauern die anstrengendste des Jahres, deshalb müssen sich die Gäste bis in den Oktober hinein gedulden, bis das Törggelen (siehe hinten) beginnt. Dazu gehören natürlich die Esskastanien, die »Keschtn«, denen in den Orten Prissian, Völlan und Tisens ein eigenes Fest, das »Keschtnriggl«, gewidmet ist. Wer mehr über Südtiroler Speck wissen möchte, findet im Oktober beim Speckfest im Villnösstal nicht nur Rohschinken und andere Köstlichkeiten, sondern auch viele Informationen über die Herstellung. Im November gibt es in Naturns die Rieslingtage, bei denen sich eine Woche alles um die Reben, Trauben und natürlich um den Wein dreht. Ebenfalls im November findet in Meran ein großes Weinfestival im Kurhaus statt.

Die Säulen der Südtiroler Küche

Die wichtigsten Zutaten für die Südtiroler Küche sind auch bei uns so beliebt, dass sie fast überall erhältlich sind.

Südtiroler Speck

Eigentlich ist der »Speck« mit geschützter geografischer Angabe ein echter Schinken, doch der Name ist so fest verwurzelt, dass er beibehalten wurde. Für ihn werden magere, fleischige Schweineschinken entbeint, mit Gewürzen gepökelt und kalt geräuchert. Nach der Reifung schmeckt der Speck mild und zart. Der »Brettlspeck« ist ein durchwachsener Bauchspeck mit Schwarte, aber ohne Knorpel. Er wird ebenso gepökelt und mild geräuchert.

Schüttelbrot

Den eigenartigen Namen erhielten die flachen, krachig-knackigen Fladenbrote von ihrer Zubereitungsart: ein sehr weicher, gewürzter Roggenteig wird auf runden Brettern so lange geschüttelt, bis er gleichmäßig dünn ist. Dann wird er so knusprig gebacken, dass die Fladen lange haltbar sind. Ideale Knabberei zu Speck, Wurst, Käse und Wein.

Vinschgerl

sind ebenfalls flache, aber weiche und etwas dickere Roggenfladen, die im Vinschgau mit natürlichem Sauerteig gebacken werden. Für »Vinschger Paarl« werden zwei Teigstücke so aneinander gelegt, dass sie nach dem Backen einen doppelten Wecken ergeben. Auch die »Urpaarl« haben die Form einer Acht, bei ihnen besteht der Teig aus drei Viertel Roggenmehl und einem Viertel Dinkelmehl. Dicker ist das »Pusterer Breatl«, auch ein Fladenbrot aus Roggenmehl mit Natursauerteig.

Äpfel

Südtiroler Äpfel sind in ganz Europa bekannt. Über ein Dutzend Sorten gedeihen hier im milden Klima, das mehr als 300 Sonnentage im Jahr zu bieten hat. Und die kühlen Nächte sorgen für das fruchtige Aroma und den festen, knackigen Biss. Besonders beliebt sind die Sorten Golden Delicious, Braeburn, Royal Gala und Fuji.

Esskastanien

Die bei uns »Maroni«, in Südtirol »Keschten« genannten Früchte des Esskastanienbaums schmecken von September bis Januar frisch geröstet zum neuen Wein. Auf pralle, glänzende Früchte achten und nach dem Einkauf nicht lange aufheben. Nach dem Rösten heiß schälen und die pelzige, bitter schmeckende Innenhaut entfernen. Praktisch, aber nicht so fein sind die fertig geschälten und vakuumverpackten Maroni, die es das ganze Jahr gibt.

Käse

Südtirol erzeugt vor allem würzige Schnittkäse wie die Bergkäsesorten, die gentechnikfrei aus naturbelassener Frischmilch hergestellt werden. Dazu gehört der Pustertaler Bergkäse oder der Alta Badia aus dem Herzen der Dolomiten, der 180 Tage reift und dann eher ein Hartkäse ist. Besonderheiten sind der Lagreinkäse, der in einem Bad aus rotem Lagreinwein veredelt wird, und der rassig-duftende Graukäse aus Magermilch. Außerdem gibt es noch Frischkäse- und Weichkäsesorten aus Ziegenmilch.

Südtiroler Speck

Schüttelbrot

Vinschgerl

Südtiroler Äpfel

Esskastanien

Graukäse

Herzhafte Brotzeit

Was in Süddeutschland »Brotzeit« heißt, wird in Südtirol »Marende« genannt. Gemeint ist ein kalter Imbiss am Nachmittag, zu dem Südtiroler Speck, Wurst, Käse und natürlich herzhaftes Brot gehören. Serviert wird das Ganze auf einem Holzbrett.

Röstbrot mit Waldpilzen

250 g Tomaten
150 g frische Steinpilze
25 g Südtiroler Speck
1 Zwiebel
1 Knoblauchzehe
2 EL Olivenöl
1 TL frische Thymianblättchen
Salz | Pfeffer
4 dicke Scheiben Südtiroler Bauernbrot,
ersatzweise Roggenbrot

Für 4 Personen | ⏱ 30 Min. Zubereitung
Pro Portion ca. 200 kcal, 8 g EW, 7 g F, 25 g KH

1 Die Tomaten mit kochendem Wasser überbrühen, häuten und entkernen. Das Fruchtfleisch ohne Stielansatz klein würfeln. Die Steinpilze putzen, mit einem Pinsel und Küchenpapier säubern und in kleine Stücke oder dünne Scheiben schneiden.

Den Speck sehr klein würfeln. Die Zwiebel und den Knoblauch schälen. Die Zwiebel in Streifen schneiden und den Knoblauch fein hacken.

2 In einer Pfanne das Olivenöl erhitzen und Speck, Zwiebel und Knoblauch bei mittlerer Hitze unter Rühren goldgelb braten. Die Pilze zugeben und braten, bis sie leicht braun werden. Die Tomatenwürfel und den Thymian zugeben, mit Salz und Pfeffer würzen. Bei schwacher Hitze ca. 5 Min. ziehen lassen.

3 Die Brotscheiben kurz im Toaster rösten. Warm auf Teller verteilen, die Pilzmischung daraufgeben und die Brote gleich servieren.

AUSTAUSCH-TIPP
Wenn es keine frischen Steinpilze gibt, nehmen Sie Zuchtpilze, z. B. braune Champignons und geben 1 EL getrocknete, eingeweichte Steinpilze dazu.

würzig | gelingt leicht

Südtiroler Specksalat

125 g Rucola
100 g braune Champignons
3 TL Zitronensaft
25 g Walnusskerne
125 g Südtiroler Speck in dünnen Scheiben
75 g Bergkäse am Stück
1 EL Apfelessig
1 TL Senf
Salz | Pfeffer
3 EL Walnussöl, ersatzweise Olivenöl

Für 4 Personen | ⏲ 30 Min. Zubereitung
Pro Portion ca. 295 kcal, 17 g EW, 25 g F, 2 g KH

1 Den Rucola verlesen und die harten Stiele entfernen. Die Blätter waschen und trocken schütteln. Die Pilze putzen und säubern, in hauchdünne Scheiben schneiden oder hobeln. Gleich mit 1 TL Zitronensaft vermischen, damit sie nicht braun werden. Die Walnusskerne grob hacken.

2 Die Speckscheiben locker auf Teller verteilen, die Champignonscheiben darübergeben. Den Bergkäse darüberhobeln und mit den Walnüssen bestreuen. Mit Rucola garnieren.

3 Den Apfelessig mit Senf, dem restlichen Zitronensaft, Salz und Pfeffer verquirlen. Das Öl mit einem Schneebesen kräftig unterschlagen, bis eine cremige Salatsauce entstanden ist. Die Sauce gleichmäßig über alle Zutaten träufeln und den Specksalat gleich servieren.

UND DAZU?
Dazu passen Vinschgerl und ein leichter Edelvernatsch.

herzhaft | schnell

Angemachter Graukäse

250 g Graukäse (ersatzweise nicht durchgereifter Handkäse)
1 Bund Radieschen
1 kleines Bund gemischte Kräuter (Petersilie, Schnittlauch, Bärlauch)
1 weiße Zwiebel
2 EL mildes Olivenöl
1 EL Apfelessig
Salz | Pfeffer

Für 4 Personen | ⏲ 30 Min. Zubereitung
Pro Portion ca. 135 kcal, 21 g EW, 5 g F, 1 g KH

1 Den Graukäse in kleine Würfel schneiden oder zerbröckeln. Die Radieschen putzen und waschen, etwas Grün dranlassen. Nach Belieben 1 Radieschen in dünne Scheiben schneiden. Die Kräuter waschen, trocken schütteln und die Blätter fein hacken. Die Zwiebel schälen und klein würfeln oder halbieren und in sehr feine Streifen schneiden.

2 Den Graukäse mit Kräutern und Zwiebel, nach Belieben Radieschenscheiben, Olivenöl und Essig vermischen. Vorsichtig mit Salz, reichlich mit Pfeffer würzen. Den angemachten Käse nach Belieben etwas durchziehen lassen.

3 Den Käse auf Tellerchen oder Holzbrettchen anrichten und mit den Radieschen garnieren. Salz und Pfeffermühle dazustellen.

TIPP – MIT EDELPILZKÄSE
Wenn Sie statt Graukäse Handkäse verwenden, können Sie für den pikanten Geschmack noch etwas Edelpilzkäse (zum Beispiel Bergaderkäse) mit der Gabel zerdrücken und untermischen.

oben: Angemachter Graukäse | unten: Südtiroler Specksalat

Ziegenfrischkäse auf Apfelsalat

200 g Ziegenfrischkäse | 3 EL frisch geriebener Parmesan | 1 Knoblauchzehe | Salz | Pfeffer | 150 g gemischte Salatblätter (Feldsalat, Frisée, Rucola und Radicchio) | 2 EL Haselnusskerne | 3 Stängel Basilikum | 2 EL milder Weißweinessig | 1 TL Honig | 3 EL Olivenöl | 2 rotschalige Äpfel (z.B. Braeburn, Gala)

Für 4 Personen | ⊚ 35 Min. Zubereitung
Pro Portion ca. 310 kcal, 11 g EW, 23 g F, 12 g KH

1 Den Ziegenfrischkäse mit dem Parmesan verrühren. Den Knoblauch schälen und durch die Presse dazudrücken. Mit 1 Prise Salz und etwas Pfeffer abschmecken, gut vermischen und kühl stellen.

2 Die Salatblätter waschen und gut abtropfen lassen oder trocken schleudern. Auf Teller verteilen.

3 Die Haselnüsse in einem Pfännchen ohne Fett rösten, bis sie nussig duften. Abkühlen lassen und fein mahlen. Die Käsemischung mit zwei Esslöffeln zu Nocken formen und in den gemahlenen Nüssen wälzen.

4 Für die Salatsauce das Basilikum waschen und trocken schütteln, die Blätter abzupfen und fein schneiden. Mit Essig, Honig, Olivenöl, Salz und Pfeffer verrühren.

5 Die Äpfel waschen und halbieren. Die Kerngehäuse ausstechen. Die Äpfel in dünne Spalten schneiden, auf den Salatblättern auslegen und mit etwas Salatsauce beträufeln. Die Frischkäsenocken daraufsetzen. Mit Schüttelbrot oder Vinschgerln servieren.

WEINTIPP
Dazu passt ein trockener, nach reifen Äpfeln und Nüssen duftender Südtiroler Chardonnay.

schnell | würzig

Vinschgerl-Toast

2 große Tomaten | 1 Knoblauchzehe | 4 kleine Vinschgerl-Brote | 100 g Südtiroler Speck in dünnen Scheiben | 75 g Mortadella in Scheiben | 50 g Salami in Scheiben | Salz | Pfeffer | 150 g Pustertaler Bergkäse in Scheiben

Für 4 Personen | 25 Min. Zubereitung
Pro Portion ca. 490 kcal, 28 g EW, 28 g F, 31 g KH

1 Den Backofen auf 200° (Umluft 180°) vorheizen. Die Tomaten waschen und ohne Stielansätze in Scheiben schneiden. Den Knoblauch schälen und längs halbieren. Die Vinschgerl quer durchschneiden und im Toaster kurz rösten. Mit dem Knoblauch einreiben.

2 Alle Vinschgerl mit Speck, Mortadella, Salami und Tomaten belegen, leicht salzen und pfeffern und mit den Käsescheiben bedecken. Im heißen Ofen (Mitte) ca. 10 Min. überbacken, bis der Käse weich ist. Heiß servieren.

knusprig | für Gäste

Fenchel in Speck

4 kleine Fenchelknollen | Salz | 8 Scheiben Südtiroler Brettlspeck (ersatzweise Frühstücksspeck) | ca. 6 EL Olivenöl | Holzspieße

Für 4 Personen | 30 Min. Zubereitung
Pro Portion ca. 230 kcal, 8 g EW, 21 g F, 3 g KH

1 Die Fenchelknollen putzen, waschen und längs vierteln. Reichlich Wasser aufkochen, salzen und die Fenchelviertel darin ca. 15 Min. kochen. In ein Sieb abgießen und abtropfen lassen. Die Speckscheiben quer halbieren. Die Fenchelviertel mit Küchenpapier trocken tupfen und in die Speckscheiben einwickeln, mit Holzspießen feststecken.

2 In einer Pfanne das Öl erhitzen. Die eingepackten Fenchelstücke darin bei mittlerer Hitze rundum schön knusprig braten. Aus dem Öl heben und auf Küchenpapier entfetten. Warm servieren.

herb-würzig | vitaminreich

Löwenzahnsalat

300 g junge, zarte Löwenzahnblätter (auf
ungedüngten Wiesen gesammelt oder aus
dem Bioladen)
100 g Südtiroler Speck in dünnen Scheiben
1 EL Öl
3 EL Apfelsaft
3 EL Apfelessig
1 TL Honig | Salz | Pfeffer
nach Belieben: Löwenzahnblüten zum
Garnieren

Für 4 Personen | 30 Min. Zubereitung
Pro Portion ca. 135 kcal, 9 g EW, 9 g F, 4 g KH

1 Von den Löwenzahnblättern die besonders her-
ben Stielenden entfernen, die Blätter waschen und
ca. 5 Min. in heißes Wasser legen. In einem Sieb gut
abtropfen lassen und auf Teller verteilen.

2 Die Speckscheiben mit dem Fettrand klein
schneiden. Mit dem Öl in ein Pfännchen geben,
bei mittlerer Hitze auslassen und knusprig braten.
Mit dem Apfelsaft und dem Essig ablöschen, mit
Honig, Salz und Pfeffer würzen. Heiß über den
Salat gießen.

3 Die Löwenzahnblüten nur leicht ausschütteln,
nicht waschen. Die Speckwürfel auf dem Salat verteilen. Nach Belieben mit den Löwenzahnblüten
garniert servieren.

AUSTAUSCH-TIPP
Mit den zarten Blättern von Catalogna (Blattzichorie),
die wie Löwenzahn aussieht und auf Gemüsemärkten
angeboten wird, schmeckt der Salat mild-würzig.

herzhaft | braucht etwas Zeit

Krautsalat

1 kleiner Weißkohl (ca. 600 g) | Salz
75 g Südtiroler Speck ohne Schwarte
4 EL Öl
1 TL Kümmelsamen
5 Wacholderbeeren
3 EL Weißweinessig | Pfeffer
1 große Gemüsezwiebel
ca. 3 EL Mehl
Öl zum Ausbacken

Für 4 Personen | 45 Min. Zubereitung
Pro Portion ca. 245 kcal, 8 g EW, 17 g F, 13 g KH

1 Den Kohl putzen, vierteln und waschen, den
Strunk herausschneiden. Den Kohl in feine Streifen
hobeln oder schneiden und in eine Schüssel
geben. Mit kochendem Salzwasser übergießen und
ca. 2 Min. ziehen lassen. In ein Sieb gießen und
abtropfen lassen.

2 Den Speck klein würfeln. In einer Pfanne das Öl
erhitzen und die Speckwürfel bei schwacher Hitze
langsam glasig braten. Den Kümmel und die
Wacholderbeeren hacken und zum Speck geben.
Den Essig angießen, aufkochen lassen und die
Mischung heiß über das Kraut gießen. Mit Salz und
Pfeffer abschmecken, gut durchmischen und etwas
durchziehen lassen.

3 Zum Servieren die Zwiebel schälen und in dicke
Scheiben schneiden, diese zu Ringen aufblättern.
Das Mehl mit etwas Salz mischen, die Zwiebelringe
darin wenden. Das Öl zum Ausbacken erhitzen, die
Zwiebelringe darin bei mittlerer Hitze goldgelb
backen. Abtropfen lassen, auf Küchenpapier entfetten und über den Salat geben.

raffiniert | für Gäste

Marinierte Forelle

250 g ganz frische Forellenfilets (am besten Bachforelle)
4 zarte Latschennadelzweige (s. Tipp, ersatzweise 2 Zweige Rosmarin)
1 EL Salz
2 TL brauner Rohrzucker
Latschenspitzen zum Garnieren (ersatzweise Kräuter oder Salatblättchen)

Für 4 Personen
🕐 25 Min. Zubereitung | 3 Tage Marinieren
Pro Portion ca. 75 kcal, 12 g EW, 2 g F, 3 g KH

1 Die Forellenfilets trocken tupfen und mit der Hautseite nach unten auslegen. Mit dem Finger vom dünneren zum dickeren Ende der Filets streichen, so richten sich die Gräten auf und sind leicht zu fühlen. Mit einer Pinzette herausziehen.

2 Die Latschenzweige waschen und trocken schütteln, die Nadeln abzupfen und sehr fein hacken. Mit dem Salz und dem Zucker mischen. Die Fischfilets rundum damit einreiben, in einen Gefrierbeutel geben und diesen gut verschließen. Im Kühlschrank (Gemüsefach) ca. 3 Tage marinieren, dabei den Beutel ab und zu umdrehen.

3 Zum Servieren die Filets herausnehmen, die Gewürze abwischen und die Forellenfilets gut trocken tupfen. In dünne Scheiben aufschneiden und anrichten. Mit Latschenspitzen garnieren.

AUSTAUSCH-TIPP
Latschen sind geläufige Zierbäume in Gärten. Wenn Sie keine finden, können Sie junge Tannen- oder Fichtennadeln zum Marinieren nehmen. Oder einfach Rosmarin.

herzhaft | gelingt leicht

Speckäpfel auf Kraut

125 g frische Maroni (Esskastanien; ersatzweise geschälte, vakuumverpackte Maroni)
1 Zwiebel | 1 EL Öl
1 EL flüssiger Honig
500 g Sauerkraut
½ TL Kümmelsamen | 5 Wacholderbeeren
250 ml trockener Weißwein
4 große Äpfel (z. B. Morgenduft, Braeburn)
100 g Südtiroler Speck ohne Schwarte
75 g Hackfleisch
1 EL Obstler (nach Belieben)
1 TL frische Thymianblättchen | Salz | Pfeffer

Für 4 Personen | 🕐 1 Std. 15 Min. Zubereitung
Pro Portion ca. 325 kcal, 14 g EW, 14 g F, 33 g KH

1 Den Backofen auf 200° (Umluft 180°) vorheizen. Die frischen Maroni einschneiden, auf ein Backblech legen und mit Wasser besprühen. Im heißen Ofen 15–20 Min. rösten, bis die Schalen aufspringen. Die Zwiebel schälen und würfeln. Das Öl erhitzen, die Zwiebel darin leicht anbräunen, mit Honig beträufeln. Sauerkraut, Kümmel, Wacholderbeeren und den Wein zugeben und das Kraut zugedeckt 1 Std. bei mittlerer Hitze garen.

2 Die Äpfel waschen, oben einen Deckel mit dem Stiel abschneiden, Äpfel mit einem Kugelausstecher bis auf 1 cm Rand aushöhlen. Die Maroni schälen und hacken, den Speck klein würfeln und beides mit dem Hackfleisch vermischen. Mit Obstler, Thymian, Salz und Pfeffer abschmecken und in die Äpfel füllen. Die Äpfel in eine ofenfeste Form setzen, mit Alufolie abdecken und im Ofen 30–40 Min. garen. Auf dem Sauerkraut servieren.

Suppen & kleine Gerichte

Eine herzhafte Suppe gibt es sehr oft in Südtirol. Einst als sättigende Bauernmahlzeit, heute in kleinen Portionen als feine Vorsuppe. Genauso wichtig sind die Knödel, die entweder »zu Wasser« in Brühe oder »zu Land« als eigenständiges Gericht gegessen werden.

Kartoffelsuppe mit Steinpilzen

100 g kleine Steinpilze
500 g vorwiegend festkochende Kartoffeln
1 Zwiebel
2 Knoblauchzehen
3 EL Olivenöl
1 l Gemüsebrühe
100 g Graukäse (ersatzweise nicht durchgereifter Harzer Käse)
Salz | Pfeffer
1 Bund Schnittlauch

Für 4 Personen | ⊚ 45 Min. Zubereitung
Pro Portion ca. 195 kcal, 12 g EW, 8 g F, 16 g KH

1 Die Steinpilze putzen und säubern, kleine Pilze
vierteln, größere in Stücke oder Scheiben schneiden. Die Kartoffeln schälen, waschen und in Würfel
schneiden. Die Zwiebel und den Knoblauch schälen
und klein hacken.

2 In einem Suppentopf 2 EL Olivenöl erhitzen. Die
Zwiebelwürfel bei mittlerer Hitze leicht anbräunen.
Den Knoblauch, dann die Kartoffeln zugeben und
kurz andünsten. Die Brühe angießen und alles
zugedeckt bei mittlerer Hitze ca. 20 Minuten garen.

3 Den Graukäse würfeln, in die Suppe geben und
unter Rühren erhitzen, bis er geschmolzen ist. Die
Suppe mit dem Pürierstab glatt pürieren und mit
Salz und Pfeffer abschmecken.

4 Das restliche Olivenöl erhitzen und die Steinpilze bei mittlerer Hitze unter Rühren leicht anbraten.
Mit Salz und Pfeffer würzen. Den Schnittlauch
waschen, trocken schütteln und in feine Röllchen
schneiden. Die Suppe auf Teller verteilen und mit
Steinpilzen und Schnittlauch bestreut servieren.

sättigend | etwas aufwendig

Speckknödelsuppe

Die würzigen Knödel werden nicht nur als Suppeneinlage, sondern auch auf Sauerkraut serviert, dann aber größer geformt. Ursprünglich wurden sie nur aus hartem Roggenbrot gemacht, heute werden sie mit Weißbrot gemischt zubereitet.

125 g Vinschgerl-Brot vom Vortag
125 g Weißbrot vom Vortag (ersatzweise Brötchen)
250 ml Milch
75 g Südtiroler Brettlspeck ohne Schwarte
50 g Kaminwurzen (kaltgeräucherte, luftgetrocknete Rohwurst; ersatzweise würzige Salami)
1 Zwiebel
1 Bund Petersilie
2 Eier (Größe M)
4 EL Mehl
Salz | Pfeffer
frisch geriebene Muskatnuss
1 l Fleischbrühe
1 Bund Schnittlauch

Für 4 Personen | ⏲ 1 Std. 15 Min. Zubereitung
Pro Portion ca. 350 kcal, 19 g EW, 12 g F, 39 g KH

1 Das Vinschgerl-Brot und das Weißbrot in Würfel schneiden und in eine Schüssel geben. Die Milch erwärmen und über die Brotwürfel gießen. Das Ganz ca. 20 Min. quellen lassen.

2 Den Speck und die Kaminwurzen getrennt in kleine Würfel schneiden. Die Zwiebel schälen und fein würfeln. Die Petersilie waschen, trocken schütteln und die Blättchen fein hacken. In einem Pfännchen die Speckwürfel bei nicht zu starker Hitze anbraten, bis sie glasig sind (Bild 1).

3 Die Zwiebelwürfel und die Hälfte der Petersilie zum Speck geben, unter Rühren ca. 2 Min. andünsten. Pfännchen vom Herd nehmen.

4 Die Eier, die Kaminwurzen, die restliche Petersilie und die Speckmischung unter die Brotwürfel mischen. Mit dem Mehl, etwas Salz, Pfeffer und Muskat gut verkneten. Mit leicht angefeuchteten Händen ca. 24 golfballgroße Knödel aus dem Teig formen (Bild 2).

5 In einem breiten Topf reichlich Wasser aufkochen, salzen und die Knödel darin offen ca. 15 Min. bei mittlerer Hitze garen. Gleichzeitig in einem zweiten Topf die Fleischbrühe erhitzen. Den Schnittlauch waschen, trocken schütteln und in feine Röllchen schneiden.

6 Die Knödel mit dem Schaumlöffel aus dem Wasser heben, abtropfen lassen und auf Suppenteller verteilen. Die heiße Brühe darübergießen und die Suppe mit Schnittlauchröllchen bestreut servieren.

AUSTAUSCH-TIPP
Statt der Petersilie 100 g Spinat verlesen, waschen, abtropfen und fein schneiden. Mit den Speckwürfeln kurz andünsten. Statt der Kaminwurzen festen Bergkäse klein würfeln und unter die Knödelmasse mischen.

sahnig | vegetarisch

Brennnesselsuppe

Keine Angst – wenn die Brennnesseln überbrüht sind, brennen sie nicht mehr! Ihr Geschmack erinnert dann an Spinat.

250 g zarte, junge Brennnesselblätter | Salz |
1 Zwiebel | 2 EL Butter | 1 EL Mehl | 750 ml
Gemüsebrühe | frisch geriebene Muskatnuss |
200 g Sahne | 2 Eigelb
Und: Gummihandschuhe

Für 4 Personen | ⏲ 45 Min. Zubereitung
Pro Portion ca. 270 kcal, 8 g EW, 23 g F, 5 g KH

1 Gummihandschuhe anziehen und die Brennnesseln waschen, harte Stiele entfernen. Reichlich Wasser aufkochen, kräftig salzen und die Brennnesselblätter ca. 1 Min. blanchieren. In ein Sieb abgießen, kalt abschrecken und abtropfen lassen.

2 Die Zwiebel schälen und sehr fein hacken. In einem Suppentopf die Butter zerlassen und die Zwiebelwürfel darin glasig dünsten. Das Mehl unterrühren und aufschäumen lassen. Die Brühe unter Rühren dazugießen und aufkochen, bei schwacher Hitze ca. 5 Min. sanft kochen lassen. Mit Salz und Muskat abschmecken.

3 Die Brennnesselblätter (nach Belieben ein paar zum Garnieren beiseitelegen) dazugeben und mit dem Pürierstab glatt pürieren. Die Sahne leicht anschlagen, die Eigelbe unter die Sahne mischen und mit etwas heißer Suppe verquirlen. Diese Mischung zur Suppe gießen und unter Rühren vorsichtig erhitzen, bis die Suppe leicht bindet (nicht kochen lassen, sonst gerinnt das Eigelb!). Die Suppe nochmals abschmecken, nach Belieben mit den Brennnesselblättern garnieren und servieren.

AUSTAUSCH-TIPP
Milder schmeckt die Suppe, wenn Sie die halbe Menge Brennnesseln mit der gleichen Menge Spinat mischen.

Gerstlsuppe

Früher wurden dafür dicke Gerstengraupen genommen – auch »Kälberzähne« genannt. Die mussten allerdings sehr lange kochen.

175 g Perlgraupen | 100 g Südtiroler Speck mit Schwarte | 1 ½ l Fleischbrühe | 1 Lorbeerblatt | 2 Möhren | 200 g festkochende Kartoffeln | 1 EL Olivenöl | Salz | Pfeffer

Für 4 Personen | 🕐 1 Std. Zubereitung
Pro Portion ca. 305 kcal, 12 g EW, 9 g F, 39 g KH

1 Die Graupen in ein Sieb geben und heiß überbrausen, bis das Wasser klar abfließt. Vom Speck die Schwarte abschneiden und diese mit den Graupen, der Brühe und dem Lorbeerblatt in einen Topf geben. Die Brühe aufkochen und die Graupen zugedeckt bei schwacher Hitze ca. 35 Min. garen.

2 Den Speck in ganz feine Streifen schneiden. Die Möhren und die Kartoffeln schälen, waschen und in dünne Stifte schneiden. Das Öl in einer Kasserolle erhitzen und die Speckstreifen bei mittlerer Hitze knusprig braten. Die Speckstreifen herausheben und auf Küchenpapier abtropfen lassen.

3 Die Möhren- und Kartoffelstifte in dem verbliebenen Öl leicht andünsten, bis sie aromatisch duften, aber noch nicht braun werden. Die Gemüsestifte mit dem Öl in die Suppe rühren und alles weitere ca. 15 Min. garen.

4 Wenn die Perlgraupen und das Gemüse gar sind, die Schwarte und das Lorbeerblatt entfernen, die Suppe mit Salz und Pfeffer abschmecken und auf Teller verteilen. Mit den knusprigen Speckstreifen bestreut servieren.

AUSTAUSCH-TIPP
Statt Perlgraupen die gleiche Menge Gerstenkörner über Nacht in kaltem Wasser einweichen, dann in der Brühe ca. 1 Std. 15 Min. garen.

Klassiker auf neue Art

Schlutzkrapfen mit Spinat

Schlutzkrapfen gehören zu Südtirol wie Maultaschen zu Schwaben. Allerdings wird der Schlutzkrapfenteig mit etwas Roggenmehl zubereitet.

250 g Dinkelmehl Type 630
150 g Roggenmehl Type 997
2 Eier (Größe M) | Salz
250 g zarter Spinat
1 kleine Zwiebel
1 Knoblauchzehe
100 g Butter
75 g Ziegenfrischkäse (ersatzweise Ricotta)
100 g frisch geriebener Parmesan
Pfeffer | frisch geriebene Muskatnuss

Für 4 Personen | ⏱ 1 Std. 30 Min. Zubereitung
Pro Portion ca. 720 kcal, 26 g EW, 36 g F, 73 g KH

1 Für den Nudelteig beide Mehle mischen. 1 Ei trennen, das Eiweiß beiseitestellen. Dann die Mehlmischung mit dem übrigen Ei und dem Eigelb, 1 großen Prise Salz und knapp 150 ml Wasser in mindestens 10 Min. zu einem glatten, geschmeidigen Teig verkneten. Den Teig zu einer Kugel formen, in Frischhaltefolie wickeln und bei Zimmertemperatur ca. 20 Min. ruhen lassen.

2 Inzwischen für die Füllung den Spinat verlesen, putzen und gründlich waschen. Einen Topf erhitzen und den Spinat darin tropfnass zugedeckt in ca. 2 Min. zusammenfallen lassen. In ein Sieb gießen und abtropfen lassen.

3 Die Zwiebel und den Knoblauch schälen und fein würfeln. In einem Topf 1 EL Butter erhitzen und Zwiebel und Knoblauch darin bei mittlerer Hitze

glasig dünsten. Den Spinat sehr gut ausdrücken, hacken und 5 Min. mitdünsten. Die Mischung etwas abkühlen lassen. Den Ziegenfrischkäse und 2–3 EL Parmesan untermischen. Mit Salz, Pfeffer und Muskat kräftig würzen. Das übrige Eiweiß mit ein paar Tropfen Wasser verquirlen.

4 Den Nudelteig portionsweise ca. 1 mm dünn ausrollen (den Rest wieder in Folie wickeln) und mit einem großen Glas ca. 32 Kreise von ca. 8 cm Ø ausstechen. Jeweils 1 TL Füllung in die Mitte geben. Die Teigränder mit Eiweiß bestreichen und die Teigkreise zu Halbmonden zusammenklappen, die Ränder gut zusammendrücken. Die Teigreste vom Ausstechen zu Nudeln schneiden und trocknen lassen.

5 Reichlich Wasser in einem großen Topf aufkochen und salzen, die Schlutzkrapfen einlegen und ca. 10 Min. bei schwacher Hitze ziehen lassen. Gleichzeitig die restliche Butter in einem Pfännchen erhitzen, bis sie kräftig aufschäumt. Die Schlutzkrapfen mit einem Schaumlöffel aus dem Wasser heben, kurz abtropfen lassen und auf Teller verteilen. Die heiße Butter darüberträufeln und die Schlutzkrapfen mit dem restlichen Parmesan bestreut servieren.

AUSTAUSCH-TIPP

Statt Spinat 200 g zarte Löwenzahnblätter kurz blanchieren, kalt abschrecken und abtropfen lassen. Fein hacken und mit einer gekochten, zerdrückten Kartoffel unter die übrigen Zutaten für die Füllung mischen.

für Gäste | herbstlich

Abgeschmolzene Steinpilzknödel

In Südtirol gibt es eine Vielzahl von Knödeln aus Brot oder Brötchen. Die feinsten werden mit kleinen Steinpilzen zubereitet.

250 g entrindetes Weißbrot (vom Vortag)
gut 200 ml Milch
500 g frische, möglichst kleine Steinpilze
2 Frühlingszwiebeln
1 Knoblauchzehe
125 g Butter
2 Eier (Größe L)
ca. 1 EL Semmelbrösel
1 EL Mehl
½ TL getrockneter Oregano
Salz | Pfeffer
frisch geriebene Muskatnuss
1 EL Olivenöl
1 Bund Schnittlauch
50 g Parmesan am Stück

Für 4 Personen | ⏱ 1 Std. 30 Min. Zubereitung
Pro Portion ca. 585 kcal, 23 g EW, 38 g F, 36 g KH

1   Das Weißbrot in kleine Würfel schneiden. Die Milch etwas erwärmen, über die Brotwürfel gießen und ca. 30 Min. quellen lassen. Die Steinpilze mit einem Pinsel und Küchenpapier säubern, Erdreste mit einem kleinen Messer abschaben. Die Stielenden wegschneiden. Ca. 100 g Steinpilze (die weniger schönen) in kleine Würfel schneiden.

2   Die Frühlingszwiebeln putzen, waschen und nur das Weiße fein hacken. Den Knoblauch schälen und klein würfeln. In einer Pfanne 1 EL Butter erhitzen. Die Steinpilzwürfel darin kräftig anbraten. Die gehackten Frühlingszwiebeln und den Knoblauch dazugeben und mitbraten, bis sie glasig sind. Die Mischung zu den Brotwürfeln geben und unterrühren. Die Eier, die Semmelbrösel und das Mehl untermischen. Die Masse mit Oregano, Salz, Pfeffer und Muskat würzen und kräftig durchkneten. Abgedeckt ca. 20 Min. ruhen lassen. Falls die Masse zu weich ist, noch Semmelbrösel dazugeben.

3   Die restlichen Steinpilze in dünne Scheiben schneiden. In einer Pfanne das Olivenöl mit 1 EL Butter erhitzen. Die Pilzscheiben darin anbraten, bis sie leicht bräunen, dabei öfter wenden. Mit Salz und Pfeffer würzen und warm halten.

4   Für die Knödel reichlich Wasser aufkochen und salzen. Aus der Knödelmasse ca. 4 cm große Klöße formen, ins siedende Wasser geben und darin ca. 10 Min. gar ziehen lassen; das Wasser darf nicht wieder kochen, sonst zerfallen sie.

5   Den Schnittlauch waschen, trocken schütteln und in feine Röllchen schneiden. Den Parmesan grob raspeln. Die restliche Butter in einem Pfännchen erhitzen, bis sie beginnt, braun zu werden, dann sofort vom Herd nehmen. Die Steinpilzscheiben auf flache Teller verteilen. Die Knödel mit einer Schaumkelle aus dem Wasser heben, abtropfen lassen und auf den Pilzen anrichten. Die Knödel mit Parmesan bestreuen und die gebräunte Butter darüber verteilen. Das Ganze mit den Schnittlauchröllchen bestreuen und servieren.

Spinatnocken mit Salbeibutter

Die grün-weißen Nocken werden in Südtirol auch gerne zu Fleischgerichten mit Sauce wie Gulasch oder Ragout serviert.

250 g entrindetes Weißbrot (vom Vortag) | 200 ml Milch | 150 g frischer Spinat | 1 kleine Zwiebel | 1 Knoblauchzehe | 75 g Butter | 2 Eier (Größe M) | 4–6 EL Mehl | Salz | Pfeffer | frisch geriebene Muskatnuss | 3 Zweige Salbei | 50 g frisch geriebener Südtiroler Bergkäse

Für 4 Personen | ⊚ 1 Std. Zubereitung
Pro Portion ca. 470 kcal, 16 g EW, 25 g F, 44 g KH

1 Das Weißbrot in kleine Würfel schneiden. Die Milch leicht erwärmen und über die Brotwürfel träufeln. Alles vermischen und ca. 30 Min. quellen lassen. Den Spinat putzen, gründlich waschen und sehr fein hacken. Die Zwiebel und den Knoblauch schälen und klein würfeln.

2 In einem Pfännchen 1 EL Butter erhitzen, die Zwiebel und den Knoblauch darin glasig dünsten.

Den Spinat zugeben und kurz trocken dünsten. Diese Mischung zum Brot geben, mit den Eiern und so viel Mehl verkneten, dass die Masse gut bindet. Mit Salz, Pfeffer und Muskat würzen.

3 In einem breiten Topf reichlich Wasser aufkochen und salzen. Vom Teig mit einem nassen Löffel Portionen abstechen und mit angefeuchteten Händen zu länglichen Nocken formen. Ins siedende Wasser geben und in ca. 5 Min. gar ziehen lassen.

4 Den Salbei waschen, trocken schütteln und die Blätter abzupfen. Die restliche Butter aufschäumen lassen. Die Salbeiblätter kleiner zupfen, dazugeben und kurz in der Butter schwenken. Die gegarten Nocken mit einem Schaumlöffel aus dem Wasser heben, kurz abtropfen lassen, auf Teller verteilen und mit der Salbeibutter beträufeln. Die Spinatnocken gleich servieren.

herb-würzig | schnell

Radicchio-Tagliatelle

250 g Radicchio | 1 Zwiebel | 75 g Butter | 75 g grob gehackte Walnusskerne | 400 g Tagliatelle (Bandnudeln) | Salz | Pfeffer | 75 g frisch geriebener alter Bergkäse

Für 4 Personen | 🕐 25 Min. Zubereitung
Pro Portion ca. 710 kcal, 22 g EW, 34 g F, 79 g KH

1 Den Radicchio putzen, waschen, trocken schütteln und in feine Streifen schneiden. Die Zwiebel schälen und klein würfeln.

2 In einer großen Pfanne die Butter erhitzen und die Zwiebel glasig dünsten. Die Walnusskerne und die Radicchiostreifen untermischen und alles bei schwacher Hitze ca. 10 Min. ziehen lassen.

3 Die Tagliatelle nach Packungsangabe bissfest kochen, abgießen und kurz abtropfen lassen. Rasch mit dem Pfanneninhalt vermischen und mit Salz und Pfeffer würzen. Mit Käse bestreut servieren.

fein | für Gäste

Spaghetti mit Filet

250 g Schweinefilet | 150 g braune Champignons | 1 Schalotte | 50 g Südtiroler Brettlspeck ohne Schwarte | 50 g Butter | 200 g Sahne Salz | Pfeffer | 400 g Spaghetti | 1 EL frische Thymianblättchen

Für 4 Personen | 🕐 30 Min. Zubereitung
Pro Portion ca. 725 kcal, 32 g EW, 32 g F, 77 g KH

Das Filet trocken tupfen und in Streifen schneiden. Die Pilze putzen, säubern und in feine Scheiben schneiden. Die Schalotte schälen und fein hacken. Den Brettlspeck ebenfalls fein hacken. Die Butter erhitzen und die Schalotten- und Speckwürfel darin goldgelb dünsten. Die Filetstreifen und die Pilze zugeben und anbraten. Die Sahne angießen, salzen und pfeffern. Alles bei schwacher Hitze ca. 15 Min. gar ziehen lassen. Die Spaghetti nach Packungsangabe bissfest kochen. Abgießen, mit der Sauce und dem Thymian vermischen und servieren.

sommerlich | raffiniert
Käsenocken mit Pfifferlingen

Die Nocken aus Kartoffelteig erinnern an die Gnocchi aus dem Piemont, sind aber viel größer und außerdem mit Käse gefüllt.

700 g mehligkochende Kartoffeln | Salz
3 Eier (Größe M)
ca. 75 g Hartweizengrieß
Pfeffer
frisch geriebene Muskatnuss
250 g frische Pfifferlinge
250 g Tomaten
1 Zwiebel
2 Knoblauchzehen
35 g Südtiroler Speck ohne Schwarte
1 EL Olivenöl | 1 EL Butter
200 g Sahne
75 g junger milder Graukäse
2 Stängel Basilikum

Für 4 Personen | 1 Std. Zubereitung
Pro Portion ca. 490 kcal, 22 g EW, 28 g F, 38 g KH

1 Die Kartoffeln waschen und mit Schale in reichlich Salzwasser in 25–35 Min. weich kochen. Abgießen und ausdampfen lassen, noch heiß pellen und durch eine Kartoffelpresse in eine Schüssel drücken. Die Kartoffelmasse abkühlen lassen.

2 Die Eier und so viel Grieß unter die Kartoffelmasse mischen, dass sie formbar ist. Dabei nicht zu viel kneten, sonst wird der Teig kleistrig. Mit Salz, Pfeffer und Muskat kräftig würzen. Die Masse mit einem Tuch abdecken und ca. 15 Min. ruhen lassen.

3 Die Pfifferlinge putzen und mit einem Pinsel säubern. Größere Pilze in Stücke schneiden, kleine

ganz lassen. Die Tomaten mit kochendem Wasser überbrühen, häuten und entkernen. Das Fruchtfleisch ohne Stielansatz klein würfeln. Die Zwiebel und den Knoblauch schälen, fein hacken. Den Speck in ganz kleine Würfel schneiden.

4 In einer Schmorpfanne Olivenöl und Butter erhitzen. Die Speckwürfel darin kurz anbraten, die Pilze zugeben und bei mittlerer Hitze unter Rühren braten, bis sie leicht braun werden. Die Zwiebel- und Knoblauchwürfel unterrühren und kurz andünsten. Die Sahne angießen und alles zugedeckt bei schwacher Hitze ca. 15 Min. ziehen lassen.

5 Den Graukäse zerdrücken oder sehr klein würfeln. Den Kartoffelteig mit feuchten Händen zu ca. 7 cm großen, flachen Fladen formen, jeweils etwas Käse daraufgeben und den Teig darüber zusammendrücken. Die Teigstücke zu länglichen Nocken oder rundlichen Knödeln formen. In einem breiten Topf Wasser aufkochen, salzen, die Nocken portionsweise darin in ca. 10 Min. bei schwacher Hitze gar ziehen lassen, bis sie an die Oberfläche steigen. Mit einem Schaumlöffel herausheben und abtropfen lassen.

6 Die Tomatenwürfel unter die Pfifferling-Sahne-Sauce mischen, mit Salz und Pfeffer abschmecken. Das Basilikum waschen, trocken schütteln und die Blätter abzupfen. Die Sauce auf Teller verteilen, die Käsenocken daraufsetzen und mit dem Basilikum garniert servieren.

Kürbisrisotto

Ein herzhaftes Spätherbst-Gericht, für das sich ein orangefleischiger Hokkaido- oder Moschuskürbis am besten eignet.

4 EL Butter | 300 g Kürbisfleisch (geschält und entkernt) | Salz | Pfeffer | ca. 800 ml Gemüsebrühe | 1 Zwiebel | 250 g Risottoreis | 75 g frisch geriebener harter Bergkäse (ersatzweise Parmesan) | Basilikumblättchen zum Garnieren

Für 4 Personen | ⊚ 45 Min. Zubereitung
Pro Portion ca. 385 kcal, 11 g EW, 14 g F, 52 g KH

1 Den Backofen auf 200° vorheizen. Ein Stück Alufolie mit 1 EL Butter bestreichen, das Kürbisstück darauflegen und mit Salz und Pfeffer bestreuen. Die Folie verschließen und den Kürbis im Ofen (Mitte; Umluft 180°) ca. 20 Min. garen.

2 Die Brühe erhitzen. Die Zwiebel schälen und klein würfeln. In einem Topf 1 EL Butter erhitzen und die Zwiebel andünsten. Den Reis einstreuen und glasig werden lassen. Etwas heiße Brühe angießen und rühren, bis die Brühe aufgesogen ist. Diesen Vorgang wiederholen, bis der Reis bissfest und gar ist (dauert je nach Reissorte 20–30 Min.).

3 Den gebackenen Kürbis aus der Folie nehmen, den ausgetretenen Saft zum Reis gießen und den Kürbis klein würfeln. Die Kürbiswürfel unter den Risotto rühren und noch kurz ziehen lassen. Die restliche Butter und den Käse kräftig unter den Risotto rühren, mit Salz und Pfeffer abschmecken und mit Basilikumblättchen garniert servieren.

TAUSCH-TIPP
Statt Kürbis Zucchini putzen und waschen, klein würfeln und in heißer Butter kurz bissfest braten. Unter den Risotto mischen.

Polenta mit Pilzen

Die Südtiroler kochen ihre Polenta so dick, dass sie sich zu Klößen formen lässt. Und diese schmecken wunderbar zu würzigen Pilzgerichten.

200 g gröbere Polenta (Maisgrieß) | 3 EL Olivenöl | Salz | 250 g kleine Pfifferlinge | 500 g Tomaten | 1 Knoblauchzehe | 2 EL Butter | Pfeffer | getrockneter Oregano | frisch geriebene Muskatnuss

Für 4 Personen | ⊚ 45 Min. Zubereitung
Pro Portion ca. 305 kcal, 7 g EW, 13 g F, 40 g KH

1 In einem hohen Topf die Polenta mit 1 l Wasser, 1 EL Olivenöl und Salz verrühren. Bei mittlerer Hitze unter Rühren aufkochen, die Hitze verringern und die Polenta unter ständigem Rühren ca. 15 Min. sanft kochen lassen. Dann bei schwacher Hitze weitere 15–20 Min. garen, dabei ab und zu umrühren und bei Bedarf etwas heißes Wasser zugeben.

2 Die Pfifferlinge putzen und säubern. Die Tomaten überbrühen, häuten und ohne Stielansatz klein würfeln. Den Knoblauch schälen. Das restliche Olivenöl mit der Butter in einer Schmorpfanne erhitzen. Die Pilze bei mittlerer Hitze braten, bis der austretende Saft verdampft ist. Den Knoblauch dazupressen und die Tomatenwürfel dazugeben. Alles zugedeckt bei schwacher Hitze ca. 10 Min. garen. Mit Salz, Pfeffer und Oregano würzen.

3 Die Polenta mit Salz und Muskat abschmecken, als Nocken abstechen und auf Teller verteilen. Mit dem Pfifferlingsragout anrichten und servieren.

VARIANTE – MIT BUCHWEIZEN

In Südtirol wird der »Plenten«, wie Polenta hier heißt, auch mit Buchweizenmehl zubereitet, dann aber mit halb Wasser und halb Milch als Flüssigkeit. Die Garzeit beträgt ca. 30 Min.

Hauptgerichte

Schweine und Schafe, Wild aus den Wäldern und Fische aus den klaren, kalten Bächen sind die Zutaten sowohl für traditionelle Hauptspeisen wie auch für die raffinierten, leichteren Zubereitungen wie diese Rehschnitzelchen mit feiner Grappasauce.

Rehschnitzelchen mit Grappasauce

8 Rehschnitzelchen (à 80 g; aus der Keule)
1 Zweig Thymian
3 Wacholderbeeren
5 schwarze Pfefferkörner
2 EL Olivenöl
1 kleine Zwiebel | 1 Knoblauchzehe | Salz
2 EL Butter | 1 EL Zucker
300 ml kräftiger Rotwein (Südtiroler Lagrein)
3 EL Brombeergelee
3 EL Grappa

Für 4 Personen | ◎ 35 Min. Zubereitung
Pro Portion ca. 310 kcal, 35 g EW, 11 g F, 14 g KH

1 Die Rehschnitzel mit Küchenpapier trocken tupfen und leicht klopfen. Den Thymian waschen und trocken schütteln, die Blätter abzupfen und mit Wacholderbeeren und Pfeffer im Mörser zerdrücken. Mit dem Olivenöl verrühren. Die Schnitzel damit einreiben und abgedeckt ca. 15 Min. ruhen lassen. Den Backofen auf 80° vorheizen.

2 Die Zwiebel und den Knoblauch schälen und sehr fein würfeln. Eine große Pfanne erhitzen und die Schnitzel darin bei starker Hitze pro Seite ca. 3 Min. braten. Mit Salz würzen und abgedeckt im Ofen warm stellen.

3 Bei mittlerer Hitze 1 TL Butter in der Pfanne zerlassen, den Zucker hineinstreuen und hellbraun karamellisieren. Zwiebel und Knoblauch dazugeben und mittelbraun braten. Den Rotwein angießen und auf die Hälfte einkochen. Das Brombeergelee und den Grappa einrühren, die restliche Butter unterschlagen und die Sauce abschmecken. Die Rehschnitzel anrichten und mit der Sauce übergießen.

UND DAZU?
Kartoffelpüree oder Polenta

herzhaft | für Gäste

Selchkarree auf Wirsing

Das »Selchkarree« heißt bei uns Kasseler Rippenspeer, ist also ein gepökeltes und leicht geräuchertes Kotelettstück vom Schwein.

750 g Kasseler Rippenspeer (Selchkarree) ohne Knochen

2 Zwiebeln

1 Möhre

1 Apfel

2 EL Öl

250 ml Weißwein (Weißburgunder)

500 g hellgrüne Wirsingblätter

Salz

75 g frischer Meerrettich

1 TL Zitronensaft

200 g kalte Sahne

75 g Südtiroler Brettlspeck ohne Schwarte

frisch geriebene Muskatnuss

Pfeffer | gemahlene Nelken

Für 4 Personen | ⏱ 1 Std. 30 Min. Zubereitung
Pro Portion ca. 435 kcal, 20 g EW, 30 g F, 24 g KH

1 Das Kasseler kurz abspülen und trocken tupfen. Den Fettrand leicht einschneiden. Den Backofen auf 250° (Umluft 230°) vorheizen. Die Zwiebeln, die Möhre und den Apfel schälen. Zwiebeln und Möhre in Stücke schneiden, den Apfel vierteln, das Kerngehäuse entfernen und die Viertel klein schneiden.

2 In einem Bräter 1 EL Öl erhitzen. Das Fleisch bei mittlerer Hitze ca. 10 Min. rundum leicht anbräunen. Zwiebel-, Möhren- und Apfelstücke drumherum verteilen. Den Braten mit der Fettseite nach oben in den Ofen (Mitte) schieben und 5 Min. rösten. Dann mit dem Wein begießen, die Hitze auf 120°

(Umluft 100°) reduzieren und das Fleisch weitere ca. 45 Min. braten. Dabei ab und zu mit Bratsaft begießen, bei Bedarf etwas heißes Wasser dazugeben.

3 Die Wirsingblätter waschen und die harten Blattrippen abschneiden. Die Blätter in ca. 2 cm große Stücke schneiden. Reichlich Wasser aufkochen, kräftig salzen und die Wirsingstücke ca. 5 Min. darin blanchieren. Abgießen, kalt abschrecken und abtropfen lassen.

4 Den Meerrettich schälen und fein reiben, sofort mit Zitronensaft vermischen. Die Sahne mit 1 guten Prise Salz steif schlagen und den Meerrettich unterheben. Kalt stellen.

5 Den Brettlspeck in feine Streifen schneiden. Das restliche Öl erhitzen und den Speck darin goldgelb braten. Die Wirsingstücke zugeben und kurz heiß schwenken. Mit Salz und Muskat abschmecken.

6 Das Selchkarree aus dem Bräter heben und im abgeschalteten Ofen ca. 5 Min. nachziehen lassen. Die Sauce mit Pfeffer und 1 Prise Nelkenpulver abschmecken. Das Fleisch in 1 cm dicke Scheiben schneiden und auf dem Wirsing anrichten. Die Sauce dazugeben. Den Sahnemeerrettich in einem Schälchen dazu reichen.

WEINTIPP
Dazu passt am besten ein geschmeidiger Südtiroler Weißburgunder.

gelingt leicht | vegetarisch

Gemüsestrudel mit Tomatensauce

Die Pfannkuchen mit Gemüse sind auch weiter im Süden sehr beliebt und heißen dort »Crespelle«. Im Herbst werden gern gebratene Waldpilze eingerollt.

200 g Mehl
350 ml Milch
4 Eier | Salz
600 g Spinat
1 kleine Zwiebel
1 Möhre
1 Stange Staudensellerie
ca. 4 EL Butter
100 g frisch geriebener Bergkäse
Pfeffer | frisch geriebene Muskatnuss
800 g reife Tomaten
1 EL Olivenöl
2 Knoblauchzehen
1 TL heller Honig
etwas getrockneter Thymian und Oregano

Für 4 Personen | ⏲ 1 Std. 30 Min. Zubereitung
Pro Portion ca. 575 kcal, 28 g EW, 29 g F, 50 g KH

1 Für die Pfannkuchen das Mehl nach und nach mit der Milch glatt rühren, 3 Eier unterrühren, den Teig salzen und ca. 30 Min. quellen lassen.

2 Den Spinat verlesen und harte Stiele entfernen. Die Blätter gründlich waschen. In kochendem Salzwasser 2–3 Min. blanchieren. In ein Sieb abgießen, kalt abschrecken und abtropfen lassen.

3 Die Zwiebel und die Möhre schälen und fein hacken. Den Staudensellerie waschen, entfädeln und ebenfalls sehr klein würfeln. In einem Topf 1 EL Butter erhitzen und die Gemüsewürfel bei schwa-

cher bis mittlerer Hitze hellgelb andünsten. Den Spinat gut ausdrücken, hacken und zugeben. Den Topf vom Herd nehmen, das Gemüse etwas abkühlen lassen. Das übrige Ei und drei Viertel vom Käse untermischen, mit Salz, Pfeffer und Muskat würzen.

4 Für die Sauce die Tomaten überbrühen, häuten, halbieren und entkernen. Den Stielansatz entfernen und das Fruchtfleisch klein würfeln. Das Olivenöl in einer Kasserolle erhitzen. Den Knoblauch schälen und dazupressen. Den Honig darüberträufeln und kurz andünsten. Die Tomatenwürfel zugeben, mit Thymian und Oregano würzen und bei schwacher Hitze ca. 20 Min. dünsten.

5 Den Backofen auf 200° (Umluft 180°) vorheizen. Eine Auflaufform mit Butter ausstreichen. In einer großen Pfanne etwas Butter aufschäumen lassen. Aus jeweils 1 Suppenkelle Teig einen großen, sehr hellen Pfannkuchen backen. Aus der Pfanne heben und etwas Gemüsemischung darauf verstreichen, den Pfannkuchen aufrollen und in die Form legen. Wenn alle Pfannkuchen gebacken, gefüllt und aufgerollt sind, die Rollen mit dem restlichen Käse bestreuen. Etwas Butter zerlassen und über die Rollen gießen.

6 Im heißen Ofen (Mitte) 10–15 Min. überbacken, bis der Käse leicht bräunt. Die Gemüsestrudel schräg in dicke Scheiben schneiden und anrichten. Die Tomatensauce mit Salz und Pfeffer abschmecken, um die Strudelscheiben gießen, servieren.

raffiniert | knusprig

Gebackene Forellen mit Bozner Sauce

4 hart gekochte Eier
2 Schalotten
3 EL Olivenöl
3 EL Weißweinessig
2 EL Sahne | 2 TL Senf
3 EL frisch gehackte Petersilie
Salz | Pfeffer
4 küchenfertige Forellen (à 350 g)
1 EL Zitronensaft
4 Lorbeerblätter
Butter zum Braten
3 EL Mehl zum Wenden

Für 4 Personen | 🕐 45 Min. Zubereitung
Pro Portion ca. 400 kcal, 43 g EW, 22 g F, 7 g KH

1 Für die Bozner Sauce die Eier pellen und mit einer Gabel fein zerdrücken. Die Schalotten schälen und fein würfeln. Mit Olivenöl, Essig, Sahne und Senf unter die Eier mischen. Die Petersilie unterrühren und die Sauce salzen und pfeffern.

2 Die Forellen kalt abbrausen und trocken tupfen. Innen und außen mit Zitronensaft beträufeln, mit Salz und Pfeffer würzen. Jeweils 1 Lorbeerblatt in die Bauchhöhlen stecken.

3 In einer großen Pfanne reichlich Butter erhitzen. Die Forellen in Mehl wenden und bei mittlerer Hitze pro Seite 8–10 Min. braten, dabei öfter mit Butter übergießen. Die knusprig gebratenen Forellen aus dem Bratfett heben und gleich servieren, die Bozner Sauce extra dazu reichen.

süßsauer | geht schnell

Südtiroler Leber mit Speck und Apfel

500 g Kalbsleber in Scheiben
50 g Südtiroler Brettlspeck ohne Schwarte
1 Bio-Zitrone | 1 großer Apfel
1 EL Kapern
2 EL Olivenöl
2–3 EL Mehl zum Wenden
3 EL Butter | 250 ml Fleischbrühe
2 EL Hagebuttenmark (Bioladen, Reformhaus)
50 g Sahne | Salz | Pfeffer

Für 4 Personen | 🕐 30 Min. Zubereitung
Pro Portion ca. 390 kcal, 29 g EW, 24 g F, 15 g KH

1 Die Leber trocken tupfen und in 3 cm lange Streifen schneiden. Den Speck in sehr feine Streifchen schneiden. Die Zitrone heiß waschen, abtrocknen und ca. 1 EL Schale abreiben, den Saft auspressen. Den Apfel schälen und ohne Kerngehäuse klein würfeln, mit etwas Zitronensaft vermischen. Die Kapern je nach Größe hacken.

2 Das Olivenöl in einer Pfanne erhitzen. Die Leberstreifen im Mehl wenden und bei starker Hitze rundum ca. 4 Min. anbraten. Die Leber aus der Pfanne heben und die Speckstreifen im Öl in ca. 2 Min. knusprig braten. Den Speck herausheben.

3 Öl abgießen und die Butter in die Pfanne geben. Die Apfelwürfel kurz andünsten, die Brühe angießen und aufkochen lassen. Hagebuttenmark, Zitronenschale, Kapern und Sahne unterrühren und ca. 5 Min. einkochen. Die Leber einrühren und erhitzen, salzen und pfeffern, mit Speckstreifen bestreuen.

Lammlende mit Bockshornklee

Das würzig-herbe Aroma des Bockshornklees erinnert an Sellerie, Liebstöckel und Curry. In Südtirol werden damit auch Brot und Käse gewürzt.

500 g Lammlende (Lammlachse) | 2 TL Bocks-
hornkleesamen (Reformhaus, Asienladen) |
Salz | 600 g mehligkochende Kartoffeln |
200 g Petersilienwurzeln | 2 EL Olivenöl |
2 EL Butter | 6 Bärlauchblätter | 100 g Sahne |
frisch geriebene Muskatnuss

Für 4 Personen | ◉ 1 Std. Zubereitung
Pro Portion ca. 500 kcal, 28 g EW, 34 g F, 21 g KH

1 Die Lammlende mit Küchenpapier trocken tupfen und in vier Portionen teilen. Den Bockshornklee
in einem Pfännchen ohne Fett leicht anrösten und
im Mörser zu Pulver mahlen.

2 Die Lammstücke mit dem Bockshornmehl und
etwas Salz würzen. Den Backofen auf 75° vorheizen. Die Kartoffeln und die Petersilienwurzeln
waschen, schälen und in Würfel schneiden. In

einem Topf knapp mit Wasser bedecken, salzen
und zugedeckt in ca. 25 Min. weich kochen.

3 In einer Pfanne das Olivenöl erhitzen und die
Lammstücke bei mittlerer Hitze auf beiden Seiten je
4–5 Min. kräftig anbraten. Aus der Pfanne heben
und im Ofen ca. 15 Min. nachziehen lassen.

4 Die Butter zum Gemüse geben und schmelzen
lassen. Die Bärlauchblätter waschen, fein hacken
und untermischen. Alles mit dem Pürierstab zu
einem glatten, halbflüssigen Püree mixen, eventu-
ell noch etwas Wasser zugeben. Die Sahne steif
schlagen und unterziehen, das Püree mit Muskat
abschmecken und auf Teller verteilen. Das Fleisch
schräg in 2 cm dicke Scheiben schneiden und auf
dem Wurzelpüree anrichten.

pikant | braucht etwas Zeit

Krenfleisch

750 g Schweinefleisch (Schulter) | Salz | 3 EL Weißweinessig | 1 Lorbeerblatt | 1 TL schwarze Pfefferkörner | 1 Bund Suppengemüse | 1 Zwiebel | 100 g frischer Meerrettich

Für 4 Personen
⏲ 20 Min. Zubereitung | 2 Std. Garen
Pro Portion ca. 450 kcal, 34 g EW, 31 g F, 7 g KH

1 Das Schweinefleisch in einem Topf mit Wasser bedecken und salzen. Essig, Lorbeer und Pfefferkörner dazugeben und das Wasser langsam aufkochen. Den Schaum abschöpfen und das Fleisch zugedeckt bei schwacher Hitze 1 Std. 30 Min. garen.

2 Suppengemüse waschen, putzen und in feine Streifen schneiden. Zwiebel schälen und in dünne Scheiben schneiden. Alles zum Fleisch geben und weitere 30 Min. garen. Meerrettich schälen und raspeln. Fleisch in Scheiben schneiden. Gemüse, etwas Brühe und Meerrettich darübergeben.

edel | für Gäste

Herren-Greaschtl

2 Entenbrustfilets (à 300 g) | 500 g gekochte Pellkartoffeln vom Vortag | 2 Zwiebeln | 2 EL Olivenöl | 1 EL Butter | 1 Lorbeerblatt | getrockneter Majoran | 125 ml dunkler Kalbsfond Salz | Pfeffer | 3 EL frisch gehackte Petersilie

Für 4 Personen | ⏲ 35 Min. Zubereitung
Pro Portion ca. 400 kcal, 30 g EW, 22 g F, 18 g KH

1 Entenbrustfilets häuten und quer in 1 cm dicke Scheiben schneiden. Kartoffeln pellen und in Scheiben schneiden. Zwiebeln schälen und fein hacken.

2 Das Öl in einer großen Pfanne erhitzen, die Entenbrustscheiben bei starker Hitze ca. 3 Min. rundum anbraten. Die Hitze verringern und die Butter, die Zwiebeln und die Kartoffelscheiben zugeben, unter Wenden hellbraun braten. Lorbeer, Majoran und den Fond zugeben, zugedeckt bei schwacher Hitze 10 Min. ziehen lassen. Das Greaschtl salzen und pfeffern, mit Petersilie bestreuen.

herzhaft | braucht etwas Zeit

Lammhaxen mit Graupen

Würzig geschmortes Lamm, in Südtirol »Schöpsans« genannt, ergibt mit dem Graupen-Pilz-Gemüse ein typisch herbstliches Gericht.

4 Lammhaxen mit Knochen (à 250–300 g; beim Metzger vorbestellen)
Salz | Pfeffer
200 g reife kleine Tomaten
1 Bund Suppengemüse
1 Zwiebel
1 Bund gemischte Kräuter (Petersilie, Thymian, Rosmarin und Bohnenkraut)
4 EL Olivenöl
1 Lorbeerblatt
750 ml Gemüsebrühe
150 g Perlgraupen (kleine Graupen)
2 Schalotten
1 Knoblauchzehe
100 g kleine Pfifferlinge
1 EL Butter

Für 4 Personen
◎ 45 Min. Zubereitung | 2 Std. Garen
Pro Portion ca. 740 kcal, 42 g EW, 48 g F, 33 g KH

1 Die Lammhaxen gründlich abspülen, bis alle Knochensplitter entfernt sind. Mit Küchenpapier gut trocken tupfen und mit Salz und Pfeffer einreiben. Die Tomaten überbrühen, häuten, halbieren und entkernen. Den Stielansatz entfernen und das Fruchtfleisch klein würfeln. Das Suppengemüse putzen, waschen und klein würfeln. Die Zwiebel schälen und fein hacken. Die Kräuter waschen und trocken schütteln. Die Petersilie beiseitelegen, die anderen Kräuter fein schneiden.

2 In einem großen Schmortopf 2 EL Olivenöl erhitzen. Die Lammhaxen bei mittlerer Hitze in 7–10 Min. rundum anbräunen. Die Gemüsewürfel und die Zwiebel zugeben und leicht anrösten. Die Tomaten, die klein geschnittenen Kräuter und das Lorbeerblatt zugeben, 250 ml Gemüsebrühe angießen und die Haxen zugedeckt bei schwacher Hitze ca. 2 Std. schmoren lassen. Die Haxen ab und zu wenden und bei Bedarf ein wenig Wasser nachgießen.

3 Nach 1 Std. die Graupen in ein Sieb geben und abspülen, bis das Wasser klar bleibt. Mit kochendem Wasser übergießen und abtropfen lassen. Die Schalotten und den Knoblauch schälen und fein hacken. In einem Topf 1 EL Olivenöl erhitzen, die Schalotten und den Knoblauch glasig dünsten. Die Graupen dazugeben und die restliche Gemüsebrühe angießen. Die Graupen zugedeckt bei schwacher Hitze in 45–60 Min. bissfest garen.

4 Die Pfifferlinge putzen und säubern. Die Petersilie fein schneiden. Das restliche Olivenöl in einer Pfanne erhitzen und die Pfifferlinge darin braten, bis sie leicht bräunen. Mit der Butter und der Petersilie unter die Graupen mischen. Die Lammhaxen mit Salz und Pfeffer abschmecken und mit den Graupen servieren.

WEINTIPP
Zum würzigen Lamm passt besonders gut ein gehaltvoller Rotwein wie ein Lagrein Riserva mit üppigem Aroma nach dunklen Kirschen und Schokolade.

duftend-aromatisch
Hähnchen im Heu

2 Brathähnchen (à 800 g)
2 Stängel Basilikum
Salz | Pfeffer
100 g Alpen-Wiesenheu
(gibt's in der Heimtierabteilung im Supermarkt)
35 g Butter
½ TL Cayennepfeffer

Für 4 Personen
⏱ 15 Min. Zubereitung | 1 Std. Garen
Pro Portion ca. 555 kcal, 59 g EW, 36 g F, 0 g KH

1 Die Hähnchen abspülen und mit Küchenpapier trocken tupfen. Mit einer Geflügelschere halbieren und die Hälften mit der Hand so flach wie möglich drücken. Die Basilikumblätter mit Küchenpapier abreiben und abzupfen. Die Hähnchenhaut an Brust und Keulen mit dem Finger lockern und die Basilikumblätter unter die Haut schieben. Die Hähnchen mit Salz und Pfeffer würzen.

2 Den Backofen auf 220° (Umluft 200°) vorheizen. Ein Backblech mit Alufolie auslegen und das Heu darauf ausbreiten. Die Hähnchen darauflegen. Die Butter mit dem Cayennepfeffer zerlassen und die Hähnchen mit etwas Cayenne-Butter bestreichen. Im heißen Ofen (Mitte) ca. 20 Min. braten. Die Hitze auf 200° (Umluft 180°) zurückschalten, die Hähnchen wieder mit Cayenne-Butter bestreichen und weitere ca. 40 Min. garen.

3 Die Hähnchen im Heubett auftragen und erst am Tisch auf Teller verteilen.

UND DAZU?
Kartoffelpüree und ein bunter Salat

für Gäste | geht schnell
Kalbsmedaillons

8 Kalbsmedaillons (aus dem Filet; à 60 g)
150 g Schalotten | 1 Bund Schnittlauch
2 EL Olivenöl
Salz | Pfeffer
75 ml Weißwein
200 ml Kalbsfond (Glas)
50 g Butter

Für 4 Personen | ⏱ 35 Min. Zubereitung
Pro Portion ca. 270 kcal, 26 g EW, 17 g F, 2 g KH

1 Den Backofen auf 80° vorheizen. Die Medaillons mit Küchenpapier trocken tupfen und mit dem Handballen etwas flach drücken. Die Schalotten schälen und in dünne Scheiben schneiden. Den Schnittlauch waschen, trocken schütteln und in feine Röllchen schneiden.

2 Das Olivenöl in einer Pfanne stark erhitzen. Die Medaillons salzen und pfeffern, im heißen Öl pro Seite ca. 3 Min. anbraten. Aus der Pfanne heben und mit Alufolie abgedeckt im Ofen warm halten.

3 Die Schalotten in dem verbliebenen Öl bei mittlerer Hitze unter Rühren goldgelb dünsten. Mit dem Weißwein ablöschen und den Wein auf die Hälfte einkochen. Den Kalbsfond zugießen und die Flüssigkeit um etwa ein Drittel einkochen. Die Butter in kleinen Stücken kräftig einrühren. Den ausgetretenen Saft der Kalbsmedaillons zur Sauce geben, mit Salz und Pfeffer abschmecken. Die Schnittlauchröllchen unterrühren. Die Medaillons anrichten und mit der Sauce übergießen.

UND DAZU?
Bandnudeln – nicht ganz authentisch, aber sehr fein!

gelingt leicht | für Gäste

Gefüllte Schnitzel

4 Kalbsschnitzel (à 150 g) | Salz | Pfeffer
100 g Steinpilze (ersatzweise braune
Champignons)
300 g grüne Bohnen
50 g Südtiroler Speck ohne Schwarte
2 Schalotten | 2 Knoblauchzehen
2 EL Olivenöl | 2–3 EL Mehl zum Wenden
250 ml Weißwein (ersatzweise Apfelsaft)
2 EL frisches Basilikum
Und: Holzspieße

Für 4 Personen | ⏲ 1 Std. Zubereitung
Pro Portion ca. 295 kcal, 39 g EW, 11 g F, 10 g KH

1 Die Schnitzel mit Küchenpapier trocken tupfen und dünn klopfen. Mit Salz und Pfeffer würzen. Die Pilze putzen und abreiben, in dünne Scheiben schneiden und auf einer Hälfte der Schnitzel auslegen. Die unbelegte Seite darüberklappen und die Enden mit Holzspießen zusammenstecken.

2 Die Bohnen putzen, waschen und in 5 cm lange Stücke schneiden. Den Speck in feine Streifen schneiden. Die Schalotten und den Knoblauch schälen und sehr fein hacken.

3 Das Olivenöl in einer Schmorpfanne erhitzen. Die Schnitzel im Mehl wenden und im Öl bei mittlerer Hitze pro Seite 5–7 Min. anbraten. Die Schnitzel herausheben. Schalotten, Knoblauch, Speck und die Bohnen im Öl ca. 5 Min. unter Wenden schmoren. Die Schnitzel wieder in die Pfanne geben, den Wein angießen, alles salzen und pfeffern. Zugedeckt bei schwacher Hitze 25 Min. schmoren. Mit Basilikum bestreut servieren.

würzig | braucht etwas Zeit

Ochsenschwanz in Lagrein

1 kg Ochsenschwanz (vom Metzger in Stücke hacken lassen)
4 Zwiebeln | 3 Knoblauchzehen
2 Stangen Staudensellerie
Salz | Pfeffer
ca. 1 EL Mehl zum Wenden
3 EL Butterschmalz
2 EL edelsüßes Paprikapulver
2 EL Tomatenmark
400 ml kräftiger Rotwein (Lagrein)
100 ml kräftige Rinderbrühe
je 1 Zweig Thymian, Majoran und Rosmarin

Für 4 Personen
⏲ 30 Min. Zubereitung | 3 Std. 30 Min. Garen
Pro Portion ca. 230 kcal, 15 g EW, 16 g F, 7 g KH

1 Die Ochsenschwanzstücke waschen und mit Küchenpapier trocken tupfen. Die Zwiebeln und den Knoblauch schälen, den Sellerie putzen und waschen. Alles in kleine Stücke schneiden. Die Fleischstücke salzen, pfeffern und im Mehl wenden.

2 Das Butterschmalz in einem breiten Schmortopf erhitzen und die Fleischstücke bei mittlerer Hitze in ca. 10 Min. rundum gut anbräunen, herausnehmen. Die Gemüsewürfel im Fett braun anbraten. Das Paprikapulver darüberstreuen und das Tomatenmark einrühren. Rotwein und Brühe angießen.

3 Die Kräuter waschen, trocken schütteln und mit den Ochsenschwanzstücken in den Topf geben. Das Fleisch zugedeckt bei schwacher Hitze gut 3 Std. 30 Min. schmoren. Die Sauce mit Salz und Pfeffer abschmecken. Dazu passt Weißbrot oder Polenta.

Süßes

Das milde Klima lässt hier nicht nur jede Apfelsorte reifen, sondern auch Erdbeeren, Himbeeren und Johannisbeeren – sogar Feigen können im Sommer geerntet werden. Dazu Milch und Sahne von glücklichen Kühen – beste Zutaten für feine Süßspeisen.

Schwimmende Inseln

4 frische Eier
500 ml Milch
100 g Zucker
2 TL Bourbon-Vanillezucker | Salz
100 g gemahlene Mandeln
2 EL gehackte Pistazienkerne
Puderzucker zum Bestäuben
Und: 4–6 runde ofenfeste Förmchen
(ca. 7 cm Ø)
Butter für die Förmchen

Für 4–6 Personen
🍲 45 Min. Zubereitung | 30 Min. Abkühlen
Pro Portion ca. 445 kcal, 17 g EW, 26 g F, 36 g KH

1 Die Eier trennen. Die Eigelbe mit der Milch, 50 g Zucker und 1 TL Vanillezucker verrühren. Die Mischung unter ständigem Rühren mit dem Schneebesen bis fast zum Siedepunkt erhitzen, bis die Sauce bindet, sie darf aber nicht kochen, sonst gerinnt das Eigelb. Zum Abkühlen den Topf in kaltes Wasser stellen und die Sauce öfter durchrühren, damit sich keine Haut bildet.

2 Den Backofen auf 180° (Umluft 160°) vorheizen. Die Eiweiße mit 1 Prise Salz mit den Schneebesen des Handrührgeräts cremig rühren, nach und nach den restlichen Zucker und Vanillezucker einstreuen und weiterschlagen, bis ein fester Eischnee entstanden ist. Zwei Drittel der gemahlenen Mandeln unterheben. Die Förmchen ausbuttern und mit den restlichen Mandeln ausstreuen. Die Schaummasse einfüllen und im Ofen (Mitte) in ca. 15 Min. cremig stocken lassen. Die Förmchen aus dem Ofen nehmen und ca. 30 Min. abkühlen lassen.

3 Die kalte Vanillesauce auf Teller verteilen, jeweils eine »Insel« daraufstürzen, mit gehackten Pistazien bestreuen und mit Puderzucker bestäuben.

gelingt leicht | raffiniert

Kaiserschmarrn mit Holundersirup

Der in Stücke gerissene süße Pfannkuchen wird auf allen Almhütten serviert. Typisch südtirolerisch ist der Holunderbeerensirup, für den der Saft reifer Holunderbeeren ohne Zucker dick eingekocht wird. Dieser Sirup ist eine schnelle Version.

400 g reife Holunderbeeren
175 g Zucker
75 g ungeschwefelte Rosinen
2 EL Grappa (ersatzweise Apfelsaft)
4 Eier (Größe L)
175 g Mehl
250 ml Milch | Salz
3 EL Butter
4 EL Puderzucker zum Bestreuen
nach Belieben: Minzeblättchen und Wildblüten
(Hornveilchen, Gänseblümchen, Kapuziner-
kresse, Ringelblumen) zum Garnieren

Für 4 Personen
⊚ 30 Min. Zubereitung | 30 Min. Garen
Pro Portion ca. 655 ckal, 16 g EW, 17 g F,
107 g KH

1 Die Holunderbeeren waschen, mit einer Gabel von den Stängeln abstreifen und in einen Topf geben. Ca. 350 ml Wasser zugießen. Aufkochen und zugedeckt bei schwacher Hitze in ca. 30 Min. weich kochen. Die Beeren durch ein Sieb streichen und den Saft mit 125 g Zucker einmal kräftig aufkochen. Den Topf vom Herd nehmen und den Sirup etwas abkühlen lassen.

2 Die Rosinen in einem Sieb warm überbrausen, abtropfen lassen und im Grappa einweichen. Die Eier trennen. Das Mehl in einer Schüssel nach und nach mit der Milch glatt verrühren. Den restlichen

Zucker, 1 Prise Salz, die Eigelbe und die Rosinen untermischen. Die Eiweiße zu festem Schnee schlagen und unter den Teig heben.

3 In einer großen Pfanne die Butter erhitzen. Den Teig einfüllen und bei mittlerer Hitze braten, bis die Teigränder gestockt sind. Den Schmarrn auf einen flachen Topfdeckel stürzen und zurück in die Pfanne gleiten lassen. Weiter bei mittlerer Hitze backen, dabei den Teig in Stücke reißen und diese wenden, bis der Schmarrn rundum gut gebräunt ist.

4 Den Schmarrn auf Dessertteller verteilen und mit Puderzucker bestreuen. Den Holundersirup darum herumgießen und das Dessert warm servieren. Nach Belieben mit Minze und Wildblüten garnieren.

TIPP – MIT HOLUNDERBEERSAFT
Wenn Sie keine frischen Holunderbeeren bekommen, können Sie auch 750 ml reinen, ungesüßten Holunder-saft (Reformhaus) mit dem Zucker auf ca. 500 ml einko-chen und abkühlen lassen. Wenn der Sirup zu dünn ist, mit 1 TL angerührter Speisestärke binden. Sind in Süd-tirol die Kinder erkältet, bekommen sie etwas heißen Holundersirup zum Löffeln, schmeckt und hilft auch oft.

fein | für Gäste

Topfenknödel

250 g Topfen (ersatzweise Magerquark)

2 Eier | Salz

2 EL Zucker

25 g weiche Butter

ca. 3 EL Semmelbrösel

150 g Himbeeren

150 g Brombeeren

4 EL Puderzucker

1 EL Grappa (nach Belieben)

Für 4 Personen | 45 Min. Zubereitung
Pro Portion ca. 320 kcal, 12 g EW, 16 g F, 24 g KH

1 Ein Sieb mit einem Tuch auslegen und den Topfen darin abtropfen lassen. Falls nötig, den Topfen mithilfe des Tuches auswringen. Die Eier trennen. Die Eiweiße mit 1 Prise Salz steif schlagen. Die Eigelbe mit Zucker und Butter schaumig rühren. Den Topfen untermischen, dann den Eischnee unterziehen. So viel Semmelbrösel zugeben, dass die Masse formbar ist. Abgedeckt in den Kühlschrank stellen.

2 Für die Früchtepürees die Beeren getrennt waschen, abtropfen lassen und mit je 2 EL Puderzucker pürieren. Durch ein Sieb streichen und nach Belieben mit Grappa abschmecken.

3 In einem breiten Topf Wasser zum Kochen bringen. Aus der Topfenmasse mit zwei Esslöffeln ca. 12 Knödel formen und im leise siedenden Wasser in 10–15 Min. gar ziehen lassen.

4 Die Früchtepürees auf Teller gießen. Die Knödel mit einem Schaumlöffel aus dem Wasser heben, abtropfen lassen und auf die Pürees setzen. Nach Belieben mit Beeren und Puderzucker garnieren.

preiswert | braucht etwas Zeit

Mohnnudeln

750 g mehligkochende Kartoffeln

Salz

3 Eigelb

ca. 100 g Mehl + Mehl zum Arbeiten

300 g Preiselbeerkompott (Glas)

75 g Butter

50 g gemahlener Mohn

50 g Puderzucker

Für 4 Personen | 1 Std. Zubereitung
Pro Portion ca. 565 kcal, 11 g EW, 19 g F, 88 g KH

1 Die Kartoffeln waschen und mit Schale in Salzwasser in ca. 30 Min. gar kochen. Abgießen und ausdampfen lassen. Noch warm pellen und durch eine Kartoffelpresse locker auf die bemehlte Arbeitsfläche drücken. Das Püree auskühlen lassen.

2 Das kalte Püree mit den Eigelben, 1 Prise Salz und so viel Mehl vermischen, dass der Teig gut formbar ist. Aus der Kartoffelmasse mit leicht bemehlten Händen fingerdicke Rollen formen. Reichlich Wasser in einem großen Topf aufkochen, salzen und die Nudelrollen darin ca. 5 Min. sanft kochen lassen, bis sie an die Oberfläche steigen. Mit einem Schaumlöffel herausheben und gut abtropfen lassen.

3 Das Preiselbeerkompott im Mixer oder mit dem Pürierstab glatt pürieren und auf Teller verteilen. Die Butter in einer großen Pfanne erhitzen. Die Nudeln darin rundum sanft anbraten, mit dem Mohn und dem Puderzucker bestreuen und leicht karamellisieren. Auf dem Preiselbeerpüree anrichten und sofort servieren.

oben: Topfenknödel | unten: Mohnnudeln

cremig | gelingt leicht

Kastaniencreme

400 g frische Maroni (Esskastanien; ersatzweise geschälte, vakuumverpackte Maroni)
100 g Zucker
350 ml Milch
1 Vanilleschote
200 g kalte Sahne

Für 4–6 Personen
⏱ 40 Min. Zubereitung | 30 Min. Garen
Bei 6 Portionen pro Portion ca. 320 kcal, 5 g EW, 14 g F, 45 g KH

1 Den Backofen auf 180° vorheizen. Die Schalen der Kastanien mit einem scharfen Messer einschneiden, Kastanien auf einem Backblech verteilen, mit etwas Wasser besprenkeln und mit Alufolie abdecken. Im heißen Ofen (Mitte, Umluft 160°) ca. 30 Min. garen, bis sich die Schalen aufbiegen.

2 Die Kastanien herausnehmen und warm schälen, dabei auch die dunkle Haut unter den Schalen entfernen. Die Kastanien mit 75 g Zucker und der Milch in einen Topf geben. Die Vanilleschote aufschlitzen, das Mark herauskratzen und mit der Schote dazugeben. Alles aufkochen und unter häufigem Rühren zugedeckt bei schwacher Hitze ca. 30 Min. sanft kochen.

3 Die Vanilleschote entfernen, die Kastanienmilch durch ein Passiersieb streichen und abkühlen lassen. Die Sahne mit dem restlichen Zucker steif schlagen, die Hälfte unter die Kastaniencreme heben. Die Creme auf Teller verteilen und mit der übrigen Sahne garniert servieren.

raffiniert | für Gäste

Nuss-Halbgefrorenes

75 g Walnusskerne
100 g Zucker
50 g Blütenhonig
2 frische Eier
200 g kalte Sahne
35 g Mandelstifte
Und: 6 Metallförmchen (ca. 175 ml Inhalt)

Für 4–6 Personen
⏱ 20 Min. Zubereitung | 2 Std. Gefrieren
Bei 6 Portionen pro Portion ca. 340 kcal, 6 g EW, 24 g F, 26 g KH

1 Die Walnusskerne fein hacken. 50 g Zucker und den Honig in einen Topf geben und bei mittlerer Hitze ca. 3 Min. aufbrodeln lassen, bis der Zucker leicht karamellisiert. Die Walnüsse einrühren und kurz erhitzen. Den Topf vom Herd nehmen und die Mischung so lange kräftig rühren, bis die Masse zerbröselt ist. Den Krokant abkühlen lassen.

2 Die Eier trennen. Die Eigelbe mit 25 g Zucker hellschaumig rühren. Die Eiweiße zu festem Schnee schlagen und mit dem Walnusskrokant unter die Eigelbcreme heben. Die Sahne mit dem restlichen Zucker steif schlagen und ebenfalls unterheben. Die Förmchen mit der Creme füllen. Mit Frischhaltefolie abdecken und in den Tiefkühler stellen. In ca. 2 Std. cremig-fest gefrieren lassen.

3 Kurz vorm Servieren die Mandelstifte in einem Pfännchen ohne Fett hellbraun rösten. Die Förmchen kurz in heißes Wasser halten, die Eiscreme auf Teller stürzen und mit den Mandelstiften bestreuen.

Schoko-Stanitzel mit Beeren und Apfel-Sorbet

»Stanitzel« heißen die Spitztüten, in die auf den Märkten Obst und Gemüse gepackt werden. Bei diesen essbaren Tüten ist es wichtig, dass sie heiß geformt werden.

120 g Marzipanrohmasse
50 g Sahne
60 g Puderzucker
40 g Mehl
1 TL gemahlener Zimt
2 Eiweiß (ca. 60 g)
3 süße Äpfel (z.B. Jonagold)
1 EL Zitronensaft
175 g Zucker
500 g gemischte Beeren (Erdbeeren,
Himbeeren, Heidelbeeren,
Rote und Schwarze Johannisbeeren)
100 g Zartbitterkuvertüre
Und: Backpapier | Palette | Backpinsel

Für 6 Personen
◍ 1 Std. Zubereitung | 2 Std. Gefrieren
Pro Portion ca. 470 kcal, 6 g EW, 14 g F, 81 g KH

1 Das Marzipan zerbröckeln und mit einer Gabel zerdrücken, nach und nach die Sahne untermischen. Den Puderzucker dazugeben und rühren, bis eine ganz glatte Masse entstanden ist. Das Mehl und den Zimt mit einem Spatel unterrühren (Bild 1), dann die Eiweiße untermischen. Den Backofen auf 180° (Umluft 160°) vorheizen. Ein Backblech mit Backpapier belegen, mehrmals 1 EL Teig mit großem Abstand auf das Backpapier geben (Bild 2). Das Backblech vorsichtig drehen, sodass große Teigkreise (ca. 10 cm Ø) entstehen.

2 Die Teigkreise im heißen Ofen (Mitte) ca. 10 Min. backen, bis sich ein karamellbrauner Rand gebildet hat und die Oberfläche golden gebräunt ist (Bild 3). Die Ofentür halb öffnen, mit einer Palette jeweils einen Teigkreis herausnehmen und heiß zu einer Spitztüte aufdrehen. In ein kleines Glas stellen, bis das Tütchen fest geworden ist (Bild 4). Dann auf einem Kuchengitter ganz abkühlen lassen.

3 Für das Apfelsorbet die Äpfel schälen und ohne Kerngehäuse klein würfeln, mit dem Zitronensaft vermischen. 125 g Zucker mit 350 ml Wasser aufkochen und ca. 5 Min. sprudelnd kochen. Die Apfelwürfel dazugeben und bei schwacher Hitze ca. 10 Min. ziehen lassen. Die Äpfel mit einem Pürierstab glatt pürieren. Das Püree in eine Metallschale füllen und im Tiefkühler in ca. 2 Std. fest gefrieren lassen, dabei ab und zu mit einer Gabel durchrühren, damit sich keine großen Eiskristalle bilden.

4 Die Beeren vorsichtig waschen und gut abtropfen lassen. Mit dem übrigen Zucker vermischen und bis zum Servieren marinieren.

5 Die Kuvertüre hacken und über dem heißen Wasserbad schmelzen. Mit einem Pinsel die »Stanitzel« außen mit flüssiger Kuvertüre bestreichen. Wenn die Kuvertüre fest geworden ist, die Tütchen mit marinierten Beeren füllen und auf Tellern anrichten. Das Apfelsorbet aus der Form schaben und mit einem Pürierstab cremig pürieren. Neben den gefüllten Stanitzeln anrichten. Das Dessert rasch servieren.

Zum Gebrauch
Damit Sie Rezepte mit bestimmten
Zutaten noch schneller finden können, stehen in diesem Register
zusätzlich auch beliebte Zutaten wie
Pfifferlinge oder **Südtiroler Speck**
– ebenfalls alphabetisch geordnet
und **hervorgehoben** – über den
entsprechenden Rezepten.

Die Temperaturangaben bei Gas-
herden variieren von Hersteller zu
Hersteller. Welche Stufe Ihres Her-
des der jeweils angegebenen Tem-
peratur entspricht, entnehmen Sie
bitte der Gebrauchsanweisung. Bei
Elektroherden können die Backzei-
ten je nach Herd variieren.

Unsere Garantie

Alle Informationen in diesem Ratgeber sind sorgfältig und gewissenhaft geprüft. Sollte dennoch einmal ein Fehler enthalten sein, schicken Sie uns das Buch mit dem entsprechenden Hinweis an unseren Leserservice zurück. Wir tauschen Ihnen den GU-Ratgeber gegen einen anderen zum gleichen oder ähnlichen Thema um.

Liebe Leserin und lieber Leser,

wir freuen uns, dass Sie sich für ein GU-Buch entschieden haben. Mit Ihrem Kauf setzen Sie auf die Qualität, Kompetenz und Aktualität unserer Ratgeber. Dafür sagen wir Danke! Wir wollen als führender Ratgeberverlag noch besser werden. Daher ist uns Ihre Meinung wichtig. Bitte senden Sie uns Ihre Anregungen, Ihre Kritik oder Ihr Lob zu unseren Büchern. Haben Sie Fragen oder benötigen Sie weiteren Rat zum Thema? Wir freuen uns auf Ihre Nachricht!

Wir sind für Sie da!
Montag–Donnerstag: 8.00–18.00 Uhr; Freitag: 8.00–16.00 Uhr
Tel.: 0180-5005054*
Fax: 0180-5012054*
E-Mail: leserservice@graefe-und-unzer.de

*(0,14 !/Min. aus dem dt. Festnetz/ Mobilfunkpreise können abweichen.)

P.S.: Wollen Sie noch mehr Aktuelles von GU wissen, dann abonnieren Sie doch unseren kostenlosen GU-Online-Newsletter und/oder unsere kostenlosen Kundenmagazine.

GRÄFE UND UNZER VERLAG
Leserservice
Postfach 86 03 13
81630 München

© 2010
GRÄFE UND UNZER VERLAG GmbH, München

Alle Rechte vorbehalten. Nachdruck, auch auszugsweise, sowie die Verbreitung durch Film, Funk, Fernsehen und Internet, durch fotomechanische Wiedergabe, Tonträger und Datenverarbeitungssysteme jeglicher Art nur mit schriftlicher Genehmigung des Verlages.

Projektleitung: Sabine Sälzer
Lektorat: Katharina Lisson
Korrektorat: Mischa Gallé
Layout, Typografie und Umschlaggestaltung: independent Medien-Design, Horst Moser, München
Satz: abavo GmbH, Buchloe
Herstellung: Christine Mahnecke
Reproduktion: Wahl Media GmbH, München
Druck: Firmengruppe APPL, aprinta druck, Wemding
Bindung: Firmengruppe APPL, sellier druck, Freising

ISBN 978-3-8338-2011-3

1. Auflage 2010

Syndication:
www.jalag-syndication.de

Titelbildrezept:

Spinatnocken mit Salbeibutter von Seite 28

Ein Unternehmen der
GANSKE VERLAGSGRUPPE

Der Autor

Reinhardt Hess rührte schon als kleiner Junge in Pfannen und Töpfen. Nach einem naturwissenschaftlichen Studium und Stationen bei Zeitschriften und Kochbuchverlagen begann er, selbst Bücher zu konzipieren und zu schreiben. Seit vielen Jahren ist er freier Autor und wurde für seine zahlreichen Koch- und Weinbücher mehrfach prämiert.

Der Fotograf

Wolfgang Schardt kann seine Liebe fürs Essen und Trinken beruflich ausleben: In seinem Studio in Hamburg fotografiert er vor allem Food, Stills und Interieur für Magazine wie FEINSCHMECKER, für Verlage und Werbung. Unterstützt wurde er von Roland Geiselmann (Foodstyling) und Anke Politt (Fotoassistenz).

Bildnachweis

Titelfoto: Eising Foodphotography / Martina Görlach
Rezeptfotos, Produkte, Steps: Wolfgang Schardt, Hamburg
Weitere Motive:
Seite 5: Südtirol Marketing / Clemens Zahn
Klappe hinten innen links, Törggelen: Südtirol Marketing / Stefano Scatà
Klappe hinten innen rechts, großes Bild Grappa: Südtirol Marketing / Frieder Blickle
Klappe hinten innen rechts, kleines Bild: Südtirol Marketing / Clemens Zahn

Mehr Informationen zum Thema Südtirol?
www.suedtirol.info

Kochlust pur

Die neuen KüchenRatgeber – da steckt mehr drin

Italienische Blitzküche
ISBN 978-3-8338-0309-3
64 Seiten

Gemüse-küche
ISBN 978-3-8338-0993-4
64 Seiten

Picknick
ISBN 978-3-8338-0912-5
64 Seiten

Bayerisch kochen
ISBN 978-3-8338-0302-4
64 Seiten

Marmeladen und Gelees
ISBN 978-3-8338-0323-9
64 Seiten

1 Brot – 50 Aufstriche
ISBN 978-3-8338-0652-0
64 Seiten

Änderungen und Irrtum vorbehalten

Das macht sie so besonders:
- **Neue mmmh-Rezepte** – unsere beste Auswahl für Sie
- **Praktische Klappen** – alle Infos auf einen Blick
- **Die 10 GU-Erfolgstipps** – so gelingt es garantiert

Willkommen im Leben.

küchen götter.de
powered by GU

Einfach göttlich kochen und himmlisch speisen?

Die passenden Rezepte, Küchentipps und -tricks

in Wort und Film finden Sie ganz einfach unter:

www.küchengötter.de

Entdeckungsreise **Südtiroler Wein**

Sanft oder kräftig, frisch und leicht oder würzig und süß – in Südtirol gibt es eine erstaunliche Auswahl an weißen und roten Weinen.

Vielfältig wie die Landschaft sind die Weine. Standen früher die Rotweine im Vordergrund, so haben heute die Weißweine das Sagen. Durch die einzigartige Lage des Etschtals profitieren die Trauben einerseits von den warmen Winden vom Gardasee, andererseits sorgen die hohen Gipfel dafür, dass es in der Nacht recht kühl wird. Durch solche Temperatur-Wechselbäder entwickeln sich besonders reiche und vielfältige Aromen in den Beeren. Heute versuchen die Winzer, für jede Rebsorte den optimalen Standort zu finden, die Erträge werden kleiner gehalten und die Trauben reifer geerntet. Eine moderne Kellertechnik sorgt dafür, dass Fruchtigkeit und Frische erhalten bleiben. So sind die Weißweine aus den Rebsorten Weißburgunder (Pinot Bianco), Grauburgunder (Pinot Grigio) und der aromatische Gewürztraminer, der sich in seiner Heimat Tramin am wohlsten fühlt, der Chardonnay und der Sauvignon Blanc auch im südlicheren Italien sehr beliebt und vielfach ausgezeichnet.

Die trockenen Weißweine wie Weißburgunder, Müller-Thurgau, Sylvaner und Chardonnay passen gut als Aperitif oder zu leichten Vorspeisen und Fischgerichten. Ein fülligerer, üppigerer Ruländer (Pinot Grigio) schmeckt zu kräftigeren Fisch- und Pilzgerichten, der frische, kräutrige Sauvignon ist der ideale Partner für Spargel, ein Riesling ergänzt feine Meeresfrüchte, ebenso die trockene Variante des Gewürztraminers, während die süßere am besten mit Desserts und Käse zur Geltung kommt.

Südtirol ist traditionell ein Rotweinland, in dem schon vor Christi Geburt Weinbau betrieben wurde. Platzhirsch unter den roten Rebsorten ist immer noch der Vernatsch. Er ergibt einen leichten, weichen und unkomplizierten Wein, der ideal zur Brotzeit wie auch zu Gemüsegerichten passt. Der Kalterer, der auf den warmen Hügeln um den gleichnamigen See wächst, ist der mildeste unter den Vernatsch-Weinen und weist einen feinen Duft nach Bittermandeln auf. Zartfruchtig sind die Weine von den Hängen um Meran, von denen auch die Meraner Kurtrauben kommen. Am kräftigsten ist der St. Magdalener von den sonnigen Hängen oberhalb Bozens, ein fülliger und eleganter Rotwein mit samtigem Geschmack, der durch etwas Lagrein abgerundet wird. Allein ergibt die Rebsorte Lagrein dichte, dunkle, nach Waldbeeren schmeckende Rotweine, die sich auch gut zum Ausbau in kleinen Eichenholzfässchen (Barriques) eignen. Wenigstens vier Jahre sollten sie ruhen, dann passen sie hervorragend zu Braten und Wild, während die hell gekelterten Roséweine »Lagrein Kretzer« jung zu Vorspeisen und herzhaften Fischgerichten zu trinken sind. Neben diesen ursprünglichen Rotweinreben werden seit über 100 Jahren auch Blauburgunder (Pinot Nero), Merlot, Cabernet Sauvignon und Cabernet Franc angebaut, die sortenrein oder als »Cuvée« (Mischung mehrerer Rebsorten) hervorragend zu Steinpilzen, Braten, Wild und herzhaften Hartkäsesorten passen.